NIXON

ET LA FIN DE LA GUERRE DU VIÊT-NAM

Une présidence
éclaboussée
par le Watergate

par Sébastien Afonso

50MINUTES

Avec la collaboration de Thomas Jacquemin

RICHARD MILHOUS NIXON

CARTE D'IDENTITÉ

- **Naissance ?** Le 9 janvier 1913 à Yorba Linda (Californie)
- **Mort ?** Le 22 avril 1994 à New York
- **Parti politique ?** Le Parti républicain
- **Dates des élections ?**
    - Le 5 novembre 1968
    - Le 7 novembre 1972
- **Durée du mandat ?** Six ans
- **Apports majeurs ?**
    - Fin de l'intervention militaire américaine au Viêt Nam en 1973
    - Ouverture diplomatique avec la Chine maoïste puis avec l'Union soviétique

INTRODUCTION

Richard Milhous Nixon est sans conteste l'un des hommes politiques américains du XXᵉ siècle qui a suscité le plus de passion et d'hostilité. Brillant, intrigant, menteur, paranoïaque : les qualificatifs, comme les caricatures, ne manquent pas pour illustrer la complexité du personnage. Dans la mémoire collective, le nom du 37ᵉ président des États-Unis reste assurément associé au scandale du Watergate qui a mis fin à sa carrière politique.

La fulgurante ascension politique de cet homme parti de rien s'effectue dans un contexte d'anticommunisme viscéral lié à la guerre froide (1945-1990), auquel il adhère et qui lui permet de se distinguer. Lorsqu'il accède à la présidence, la société américaine subit une profonde crise et est plus que jamais divisée.

En matière de politique étrangère, sa présidence est marquée par d'indéniables succès : il ouvre la voie à la Détente (1962-1979) et parvient surtout à mettre un terme à l'intervention militaire américaine au Viêt Nam. Toutefois, des dossiers plus sombres et impopulaires viennent entacher son mandat, tels que son implication dans la chute de Salvador Allende Gossens (homme d'État chilien, 1908-1973) et, en politique intérieure, le scandale du Watergate.

Quoi qu'il en soit, sa présidence marque une étape déterminante de l'histoire américaine et des relations internationales.

BIOGRAPHIE

JEUNESSE, FORMATION
ET PARCOURS PROFESSIONNEL

Richard Milhous Nixon, le 37e président des États-Unis, est né le 9 janvier 1913 à Yorba Linda, en Californie, dans un milieu modeste. Originaire de l'Ohio, son père, Frank Nixon (1878-1956), exerce la profession de conducteur de tramway avant de se lancer dans l'agriculture. Il ouvre ensuite une station-service et une épicerie à Whittier, un faubourg de Los Angeles, après avoir épousé Hannah Milhous (1885-1967), une quakeresse rigoriste. Richard Milhous Nixon est le second des cinq garçons qui composent la famille.

Son éducation est marquée par les privations matérielles et l'austérité morale. À l'école, il se révèle être un garçon studieux, brillant et excellent orateur. Il termine ses études secondaires à Whittier en 1934 et entre à l'université Duke (Caroline du Nord sur la côte Est), où il suit une formation de juriste. Il obtient son diplôme d'avocat en 1937. De retour en Californie, il exerce durant quatre années au barreau de Whittier. C'est à cette époque qu'il rencontre Thelma Patricia Ryan (1912-1993) qu'il épouse en 1940. Deux filles, Tricia et Julie, naissent de leur union.

En 1942, le couple déménage à Washington où Richard Milhous Nixon trouve un emploi dans un organisme fédéral chargé du contrôle des prix. Insatisfait de sa situation professionnelle, il s'engage dans la marine la même année. Chargé de remplir essentiellement des tâches administratives, il n'a pas l'occasion de se battre au cours de la Seconde Guerre mondiale (1939-1945). Il quitte cependant l'armée avec le grade de lieutenant de vaisseau.

ENTRÉE SUR LA SCÈNE POLITIQUE

Sa carrière prend alors un tournant inattendu. Après sa démobilisation début 1946, il est contacté par les républicains de Californie pour les représenter et pour battre leur adversaire démocrate sortant du 12ᵉ district. Au terme d'une campagne agressive, il remporte l'élection. Élu représentant de la Californie (1947-1951), il se distingue par son virulent anticommunisme. Sa participation à l'enquête menée au sein de la commission des activités anti-américaines à l'encontre d'un ancien diplomate, Alger Hiss (1904-1996), rendu coupable d'espionnage pour le compte des services secrets soviétiques, lui confère une certaine notoriété.

Le 7 novembre 1950, il est élu sénateur de Californie, puis est désigné l'année suivante, aux côtés de Dwight David Eisenhower (1890-1969), vice-président des États-Unis. Accusé d'avoir détourné des fonds électoraux à son profit, il réussit à se justifier et n'est pas poursuivi. Réélu en 1956, il dirige de fait la politique américaine suite à la maladie du président. En 1959, il est amené à se rendre à Moscou, où il débat avec le dirigeant soviétique Nikita Sergueïevitch Khrouchtchev (1894-1971) sur les vertus respectives du capitalisme et du communisme.

Candidat républicain à la présidence aux élections de 1960, il est battu par le démocrate John Fitzgerald Kennedy (1917-1963). Deux ans plus tard, il essuie une nouvelle défaite alors qu'il se présentait pour obtenir le siège de gouverneur de la Californie et décide de prendre temporairement ses distances avec la vie politique.

ÉLECTIONS PRÉSIDENTIELLES ET DÉMISSION

Redevenu simple avocat d'affaires à Wall Street, il parvient à reconstruire patiemment son assise politique. À nouveau désigné comme candidat républicain pour l'élection présidentielle de novembre 1968, il remporte la victoire sur son adversaire, le démocrate Hubert Horatio Humphrey (1911-1978), en promettant aux électeurs de mettre rapidement un terme à la guerre du Viêt Nam. Toutefois, l'engagement des États-Unis dans le conflit est maintenu jusqu'en 1973.

C'est surtout dans les affaires internationales que Richard Milhous Nixon obtient de bons résultats, notamment avec la signature en 1972 d'un traité avec l'URSS sur les armes nucléaires, et avec l'ouverture des relations avec la Chine communiste.

Largement réélu en 1972, il est ébranlé par le scandale du Watergate. Les révélations des malversations orchestrées par son administration le menacent de destitution. Acculé, il démissionne le 8 août 1974. Il est remplacé par son vice-président, Gérald Rudolph Ford (1913-2006) qui lui accorde l'immunité pour tous les délits commis lors de ses mandats présidentiels. L'affaire du Watergate n'écarte cependant pas totalement Richard Milhous Nixon de la scène politique américaine. En effet, à la fin des années soixante-dix, il effectue encore de nombreux voyages, notamment en Chine et en URSS. Il écrit également quelques ouvrages, dont ses mémoires, avant de mourir d'une crise cardiaque le 22 avril 1994 à New York.

CONTEXTE POLITIQUE, SOCIAL ET ÉCONOMIQUE

LES GRANDS CHANTIERS SOCIAUX DES ANNÉES SOIXANTE

La politique américaine des années soixante est marquée par l'interventionnisme fédéral des présidents démocrates, qui lancent de grands projets de réforme sociale. Élu en 1960, John Fitzgerald Kennedy propose ainsi aux Américains dans son discours d'acceptation de l'investiture de repousser une « nouvelle frontière » (*New Frontier*, référence au mythe américain de la Frontière dans la conquête de l'Ouest), celle des préjugés et de la pauvreté. Ce n'est toutefois qu'après l'assassinat de celui-ci à Dallas, le 22 novembre 1963, que Lyndon Baines Johnson (1908-1973), devenu président, amplifie les réformes sociales. Lors de son mandat (1963-1969), il fait adopter par le Congrès le programme d'égalité des droits et de justice sociale amorcé par son prédécesseur. Cette volonté de changement et de progrès s'inscrit dans son ambition d'ériger une « grande société » (*Great Society*).

Dans un contexte de croissance économique, la *Great Society* de Lyndon Baines Johnson constitue un programme de réformes législatives et sociales particulièrement ambitieux qui voit :

- la mise en place de la loi en faveur des droits civiques, le *Civil Rights Act* (1964), qui interdit toute forme de discrimination dans les lieux et services publics, tandis que le *Voting Rights Act* (1965) garantit l'accès des Noirs aux urnes ;

- le début d'une lutte contre la pauvreté, notamment sur le plan de la santé. Le président crée un système de santé publique (juillet 1965) avec le *Medicare* destiné aux personnes âgées et le *Medicaid* qui prend en charge la médicalisation des plus pauvres ;
- l'augmentation des dépenses sociales entre 1960 et 1965. Le système éducatif reçoit des aides fédérales, de même que le logement et la culture.

Cette politique du *Welfare State* (« État-providence ») obtient des résultats appréciables en contribuant en premier lieu à réduire la pauvreté. Toutefois, malgré une conjoncture économique positive, les conservateurs critiquent avec virulence l'intervention de l'État, en dénonçant le coût exorbitant de telles mesures. Mais, dès 1967, la guerre du Viêt Nam vient dominer les débats et entraver les réformes.

LA SOCIÉTÉ AMÉRICAINE EN ÉBULLITION

Paradoxalement, alors que s'élaborent d'ambitieux programmes sociaux, la société américaine des *sixties* traverse une grave crise identitaire. Les bases de l'*American Way of Life* font l'objet de critiques à la fois sociales, culturelles et ethniques.

BON À SAVOIR

L'expression *American Way of Life* se réfère à un modèle de société qui s'impose et culmine dans les années cinquante, alors que les États-Unis connaissent une période de prospérité et de croissance économique sans précédent. À la fois style de vie et aspiration au bonheur, l'*American Way of Life* se caractérise par un attachement au succès matériel et aux biens de consommation qui y sont attachés (l'automobile, la maison de banlieue, les équipements ménagers, etc.). En résulte un certain consensus et conformisme idéologique associant la réussite individuelle à un consumérisme effréné.

Dès la fin des années cinquante, les Noirs ouvrent la voie à la contestation en luttant contre la ségrégation sociale et pour l'acquisition de l'égalité des droits civiques. Le thème du *Black Power* trouve de plus en plus d'échos, tout comme l'exaltation de la négritude (*Black is beautiful*). Certains mouvements, comme les *Black Panthers Party* (mouvement révolutionnaire afro-américain formé en Californie) créés en 1966, rompent avec la non-violence. Sur fond de pauvreté et de ségrégation, les émeutes se succèdent dès lors dans les ghettos des grandes villes durant les années 1964-1968 :

- l'émeute du faubourg de Watts à Los Angeles en 1965, qui se produit à la suite d'un banal incident entre un Noir et un policier blanc, fait 34 morts et plus de 1 000 blessés. Les dégâts, impressionnants, sont estimés à 40 millions de dollars ;
- parti de Nashville (Tennessee) et de Houston (Texas) en mai 1967, un mouvement de révolte s'étend à plus de 110 villes et atteint son paroxysme à Newark et Detroit en juillet, où les émeutes font 300 victimes ;
- après Malcolm Little, dit Malcolm X (homme politique américain, 1925-1965) en février 1965, c'est le leader Martin Luther King (pasteur américain, 1929-1968) qui est assassiné le 4 avril 1968. La nouvelle provoque une flambée de violence à travers tout le pays.

L'agitation, initiée par la lutte des Noirs, gagne progressivement d'autres groupes ethniques minoritaires. Après de nombreuses grèves et un boycott national du raisin, les chicanos (Américains d'origine mexicaine), principaux employés du secteur viticole, obligent les grandes compagnies agricoles à négocier avec l'*Union of Farm Workers*, le syndicat des ouvriers agricoles et vendangeurs californiens. De leur côté, les Amérindiens créent l'*American Indian Movement* en 1968 et multiplient les actions spectaculaires pour obtenir la reconnaissance de leur culture et de leur oppression. Ils occupent ainsi symboliquement l'île d'Alcatraz durant 19 mois dès novembre 1969.

La prise de conscience des injustices sociales accompagne la politisation de la jeunesse. Avec près de huit millions d'étudiants à la fin des années soixante, les universités deviennent des foyers majeurs de la contestation. On assiste notamment à l'apparition du mouvement de la « nouvelle gauche » (*New Left*) dans le milieu estudiantin. Parmi les chefs de file se trouve le philosophe Herbert Marcuse (1898-1979) qui critique aussi bien la société capitaliste américaine que le système communisme soviétique. En 1962, ce mouvement est relayé par des groupes comme le SDS (*Students for a Democratic Society*) qui possède une idéologie composite mêlant à la fois de l'anarchisme et du pacifisme, du socialisme et du marxisme, etc. Le climat contestataire s'amplifie dans les campus en octobre 1964 avec le *Free Speach Movement* (« mouvement pour la liberté d'expression »), parti à l'origine de l'université de Berkeley (Californie).

Dès 1965, l'intensification de la guerre au Viêt Nam et le développement de la conscription (recrutement militaire fondé sur l'appel du contingent) contribuent à gonfler les effectifs de la contestation estudiantine. En parallèle, la jeunesse développe une culture anticonformiste qui participe à la réussite des mouvements.

BON À SAVOIR

La contre-culture est caractérisée par un rejet du conformisme de la société américaine des années soixante. Elle s'incarne d'abord dans la littérature avec des écrivains comme Allen Ginsberg (1926-1997) et Jack Kerouac (1922-1969) – qui représentent la *Beat Generation* –, puis s'oriente vers la célébration de la drogue, de la liberté sexuelle et de l'art. Les hippies, prônant entre autres la non-violence et la vie en communauté, en sont le meilleur symbole.

Enfin, la contestation des femmes émerge elle aussi peu à peu. Dans son ouvrage *La Femme mystifiée*, la sociologue Betty Friedan (1921-2006) exprime l'aliénation sociale subie par les femmes. En 1966, elle fonde avec d'autres intellectuelles la NOW (*National Organization of Women*) pour dénoncer les discriminations sexuelles, militer pour la contraception et pour obtenir le droit à l'avortement.

DE LA DÉTENTE À L'ENLISEMENT VIETNAMIEN

Le contexte international du début des années soixante est marqué par des crises majeures telles que la construction du mur de Berlin du 12 au 13 août 1961 et la crise des missiles de Cuba en 1962. Cette dernière conduit les deux superpuissances à s'efforcer d'éviter toute confrontation directe. Si elle ne met pas un terme à la guerre froide, elle marque cependant l'entrée dans une période de relative coexistence pacifique.

BON À SAVOIR

Le 14 octobre 1962, les avions-espions américains signalent la présence de missiles nucléaires soviétiques et de rampes de lancement sur l'île de Cuba. Face à la menace pesant sur le territoire américain, John Fitzgerald Kennedy décrète un embargo sur Cuba pour empêcher les cargos soviétiques porteurs de missiles nucléaires d'accoster. Le 28 octobre, les Soviétiques renoncent à l'installation des missiles. En contrepartie, Nikita Sergueïevitch Khrouchtchev obtient la promesse des États-Unis de ne pas envahir Cuba et le retrait des fusées américaines de Turquie. Un téléphone rouge est installé à l'occasion pour que les deux grandes puissances mondiales puissent négocier en cas de crise majeure.

La compétition scientifique qui a opposé les deux Grands tourne désormais à l'avantage des États-Unis. Auparavant devancée par les satellites Spoutniks des Soviétiques, l'Amérique réussit à mettre sur orbite le premier véhicule spatial habité en 1962 et à opérer la première sortie dans l'espace d'un homme – Neil Alden Armstrong (1930-2012) – qui marche sur la Lune le 21 juillet 1969.

Mais la situation au Viêt Nam devient la préoccupation majeure de la société américaine. Sans qu'ils n'y aient pris garde, les États-Unis s'enlisent dans une guerre meurtrière et impopulaire, isolant les Américains sur la scène internationale. Fidèles à leur doctrine d'endiguement du communisme, ils soutiennent un régime autoritaire au Viêt Nam du Sud face au Viêt Nam du Nord communiste. Un front national de libération créé en 1960, composé de marxistes et de nationalistes, engage alors une lutte armée.

L'état-major américain n'a pas conscience que la guerre qui s'engage a une dimension nationale et ne se réduit pas à une lutte anticommuniste, et qu'elle implique un effort prolongé, sans but territorial et sans que l'issue en soit claire. Telle qu'elle débute, la guerre du Viêt Nam n'attire guère l'attention de l'opinion publique américaine avant 1965 :

- après avoir aidé les Français durant la guerre d'Indochine (1940-1954), les Américains favorisent, en 1955, l'accession au pouvoir au Viêt Nam du Sud de Ngô Dinh Diêm (1901-1963), un catholique profondément anticommuniste ;
- en 1960, la situation au Viêt Nam se dégrade avec la reconquête progressive du Sud par le Viêt Nam du Nord d'Hô Chi Minh (1890-1969), mais le conflit reste marginal et est encore méconnu de la majorité des Américains ;
- le nombre des conseillers militaires américains impliqués continue toutefois à augmenter. Alors qu'ils n'étaient que 700 en 1961, on passe à 3 200 un an plus tard et à 12 000 en fin d'année 1962. Au moment de la disparition de John Fitzgerald Kennedy, le Sud Viêt Nam compte 16 000 conseillers.

La résolution du golfe du Tonkin, votée par le Congrès américain au mois d'août 1964 marque un véritable tournant dans la guerre. En réponse aux attaques de lance-torpilles de vedettes nord-vietnamiennes qui seraient intervenues contre un destroyer américain (le *Maddox*) les 2 et 4 août, le président Lyndon Baines Johnson reçoit du Congrès la liberté de réagir par la force, sans que soit votée la déclaration de guerre. L'intervention ne se fait pas attendre :

- dès mars 1965, les Américains décident le lancement de l'opération « *Rolling Thunder* » (« Tonnerre roulant »), qui consiste en une campagne de bombardement intensif du Nord Viêt Nam visant à détruire les infrastructures militaires et à entraver le soutien apporté aux forces communistes du Sud ;
- les bombardements massifs n'ayant pas donné les résultats escomptés, le nombre de jeunes Américains engagés commence à gonfler, passant de 23 000 hommes en 1964 à 536 000 en 1968. Toutefois, les forces américaines restent numériquement inférieures aux forces du Viêt Nam du Sud.

Sur le terrain, c'est une guerre d'usure qui s'engage où l'on distingue difficilement les simples paysans des Viêt-congs. Mêlées à la population locale ou réfugiée dans des zones impénétrables, les forces américaines ne parviennent pas à obtenir de victoire décisive, alors que l'aviation bombarde inlassablement le Nord du pays, utilisant un arsenal diversifié et destructeur (le napalm, les défoliants, les bombes à fragmentation et les armes chimiques).

LA MONTÉE DE L'OPPOSITION

À mesure que l'engagement des forces américaines progresse, la protestation se développe pour dénoncer ce qui apparaît de plus en plus comme une « guerre sale ».

Les rangs des opposants à la guerre du Viêt Nam grossissent, multipliant les manifestations pacifistes. L'instauration de la conscription dès 1965 en vue de recruter de nouveaux effectifs suscite le mécontentement des jeunes mobilisés et de leur famille. Par ailleurs, les contournements du système de recrutement par les jeunes des milieux favorisés sont pointés du doigt.

Toutefois, avant la fin de l'année 1967, les sondages montrent que plus de 60 % des Américains soutiennent la politique du président, refusant l'humiliation d'un retrait. Mais l'effort de guerre se renforçant, les pertes devenant plus importantes et la médiatisation du conflit s'intensifiant, la contestation des mouvements pacifistes se fait plus virulente.

Le 30 janvier 1968, jour de l'an vietnamien, le lancement d'une offensive générale dite « du Têt » par les Viêt-congs et les Nord-Vietnamiens sur une centaine de villes dont Saigon (aujourd'hui Hô Chi Minh-Ville) démontre la vulnérabilité des États-Unis et de leurs alliés Sud-Vietnamiens. Le doute sur une victoire rapide s'installe alors au sein du pouvoir, si bien que le 31 mars, le président Lyndon Baines Johnson annonce la cessation des bombardements sur le Nord et le début de négociations.

Même si l'essor économique ne paraît pas menacé à la veille de la campagne électorale présidentielle de 1968, les États-Unis semblent très éloignés de ce qu'ils étaient dix ans auparavant : le conformisme est remis en question, la société semble plus que jamais sceptique sur les orientations prises, et, surtout, le pays est enlisé dans une guerre lointaine qui s'éternise.

LE PROGRAMME POLITIQUE DE 1968

Le 5 novembre 1968, le républicain Richard Milhous Nixon est élu président à une faible majorité : il devance de peu le candidat démocrate Hubert Horatio Humphrey – qui obtient la grande majorité des voix afro-américaines. La guerre du Viêt Nam, les désordres des manifestations pacifistes et les émeutes raciales sont autant de facteurs qui divisent l'Amérique. À l'écoute de ce qu'il appelle la « majorité silencieuse », Richard Milhous Nixon sait mettre en avant son expérience politique avec un programme visant à rassurer une opinion publique inquiète des troubles et réfractaire à la permissivité ambiante. Il réussit à convaincre les classes moyennes blanches composées de fermiers, de commerçants, d'employés, de fonctionnaires et d'ouvriers qualifiés, qui restent en marge des mouvements contestataires. Pour toucher ces « oubliés » de l'Amérique, il développe un programme électoral sur deux axes principaux que sont l'ordre et la prospérité. C'est sur ces thèmes et la prétendue menace des valeurs américaines qu'il organise la conquête de son électorat et la critique des politiques menées jusqu'alors :

- il critique la façon dont les démocrates ont mené la guerre du Viêt Nam. Il promet, outre d'en finir avec une guerre qui divise la société américaine, de trouver une sortie honorable du conflit et de redonner au pays son assise internationale ;
- il dénonce les coûteux et infructueux projets de réformes sociales de ses prédécesseurs et stigmatise notamment un interventionnisme étatique qui a augmenté l'inflation ;
- partisan du retour à l'ordre, il dénonce les excès de la politique d'intégration des minorités ethniques qui n'ont engendré que des violences.

En tant que président, Richard Milhous Nixon doit néanmoins affronter un Congrès démocrate qui conserve la majorité tant au Sénat qu'à la Chambre des représentants. Victorieux lors des élections de 1968, mais aussi de celles de 1970 et de 1972, les démocrates ne laissent à la nouvelle administration républicaine qu'une marge de manœuvre réduite.

DES MANDATS TOUCHÉS PAR LES CRISES ÉCONOMIQUES

Dès le début de son premier mandat, Richard Milhous Nixon hérite d'une situation délicate, marquée par une dégradation de la conjoncture économique américaine. La principale source d'inquiétude provient de l'augmentation progressive du chômage qui atteint les 6 % dès 1970. L'économie reste certes prospère, mais le pessimisme règne.

Le président doit tout d'abord faire face à un déficit budgétaire et commercial. Déjà, depuis le début des années soixante, la balance des paiements américaine (équation qui calcule l'ensemble des flux de valeurs entre un pays et l'étranger) affiche un déficit alimenté par les réductions d'impôts, les dépenses militaires et les investissements à étrangers. Ces problèmes, associés à la menace de l'inflation, conduisent le nouveau président à infléchir ses orientations économiques :

- pour juguler la crise, il adopte une politique libérale et monétariste (1969-1971) qui consiste à ralentir la croissance de la masse monétaire tout en diminuant progressivement les dépenses budgétaires ;
- l'inflation en augmentation (entre 6 et 8 % par an) et le déficit budgétaire (qui atteint 23 milliards de dollars en 1971) ont un effet direct sur la balance des paiements. La récession apparaît

en 1971 et ruine toute intention d'équilibrer le budget. L'économie américaine se trouve dès lors face à une véritable stagflation (stagnation économique associée à l'inflation) ;

- Richard Milhous Nixon adopte alors une politique de redressement économique plus keynésienne qui le conduit à mettre fin à la convertibilité du dollar en or et à laisser flotter la monnaie américaine, à soumettre les importations à une surtaxe de 10 % et à bloquer les prix et les salaires.

Malgré ces mesures, l'inflation persiste et atteint même 8,8 % en 1973, le dollar poursuit sa dévaluation et la croissance est interrompue.

La situation se redresse quelque peu au début de l'année 1972, ainsi que l'annonce Henry Kissinger (politologue et diplomate américain, né en 1923), grâce à un accord de paix imminent au Viêt Nam, ce qui permet d'expliquer la réélection triomphale de Richard Milhous Nixon en novembre 1972. Il est en effet plébiscité par 61 % des suffrages, soit une majorité de 17 millions de voix. Après sa réélection, il se trouve à nouveau confronté à une dégradation de la situation économique. Mais il ne réussit à stopper ni la montée des prix, ni l'augmentation du chômage qui atteint 7,2 % en 1973.

Avec le choc pétrolier de 1973, c'est une crise exogène qui frappe les États-Unis. La guerre du Kippour (octobre-novembre 1973), prenant place dans le cadre conflit israélo-arabe, conduit les pays de l'OPEP (Organisation des pays exportateurs de pétrole), favorables à la cause arabe, à mettre en place un embargo pétrolier entre octobre 1973 et mars 1974. Dès lors, le prix du pétrole flambe. Paradoxalement, cette crise énergétique est favorable aux États-Unis, mais relance l'inflation en Europe. Dès 1974, le dollar remonte, permettant le rétablissement de la balance commerciale.

LA POLITIQUE SOCIALE ET RÉGLEMENTAIRE DU PRÉSIDENT

Richard Milhous Nixon n'opère pas de rupture significative avec les programmes sociaux mis en œuvre par ses prédécesseurs démocrates, contrairement à ce que laissaient présager ses positions exprimées durant la campagne de 1968. Bénéficiant des voix de ceux qui prônaient la réduction de l'interventionnisme de l'État fédéral, les dépenses sociales ont néanmoins été multipliées par sept durant sa présidence.

Le 22 janvier 1970, il dévoile dans son message sur l'état de l'Union son projet de « nouvelle révolution américaine », qui comprend un ensemble de mesures concernant l'assurance maladie, la protection de l'environnement ou encore la redistribution de l'aide financière fédérale aux États. Quelques mesures aboutissent :

- il augmente significativement les dépenses sociales liées aux personnes âgées et aux plus défavorisés ;
- pour faire respecter les règlements destinés à garantir la santé et la sécurité des travailleurs, l'OSHA (*Occupational Safety and Health Administration*) est créée en 1970 ;

- il met en place une série de lois écologiques. L'EPA (*Environmental Protection Agency*), une agence pour la protection de l'environnement, est créée.

Cependant, son projet est amputé de ses mesures les plus importantes. Pour réorienter l'interventionnisme hérité de la *Great Society*, il propose de mettre en place le FAP (*Family Assistance Plan*), un plan de réforme de l'aide sociale garantissant un revenu annuel minimum à toutes les familles des travailleurs les plus pauvres. Il s'agit désormais de rompre avec l'aide dont bénéficiaient uniquement les Noirs et autres minorités pour toucher tous les défavorisés. Mais devant la double opposition des conservateurs et des libéraux, son projet échoue et il est contraint de l'abandonner en 1972.

Par ailleurs, le président souhaite réorienter une partie des subventions fédérales à caractère social. Dans son discours sur l'état de l'Union daté du 22 janvier 1971, il suggère la mise en place d'un nouveau fédéralisme décentralisateur qui vise à partager les revenus en direction des États et des municipalités. Même si son projet n'aboutit pas, il obtient tout de même le 20 octobre 1972 le vote du *Revenue Sharing Act* qui laisse pour cinq ans aux États la libre disposition d'une petite partie des subventions accordées par Washington.

Face au problème des minorités, Richard Milhous Nixon n'entrave pas les lois civiques sur la déségrégation. Hormis son désir de constituer « un capitalisme noir » et la création dans ce but en mars 1969 de l'*Office of Minority Business Enterprise*, qui a pour mission d'encourager l'activité commerciale des minorités, l'attitude adoptée par le président est celle du profil bas (*benign neglect*), ceci afin d'éviter tout remous social. Quant à la question de l'intégration, l'administration de Richard Milhous Nixon reste hostile au *busing* qui consiste à mélanger des élèves noirs et blancs dans les écoles grâce au transport par bus scolaires.

Loin d'apparaître comme un conservateur forcené, il incarne plutôt un républicain aux politiques centristes, voire progressistes dans le domaine social.

LA DIFFICILE SORTIE DU BOURBIER VIETNAMIEN

Arrivé au pouvoir en janvier 1969 sans plan précis, Richard Milhous Nixon cherche un moyen honorable de retirer les forces américaines tout en protégeant le Sud Viêt Nam des attaques du Nord. Malgré ses promesses de terminer la guerre rapidement, il s'engage activement dans sa poursuite et approuve en secret dès mars 1969 le bombardement des supposées bases Viêt-congs au Cambodge pourtant officiellement neutre. Par ailleurs, le contingent envoyé au front augmente de plus en plus jusqu'en avril 1969 : on y compte alors 543 000 hommes. Ces mesures entraînent une baisse de sa popularité.

Ce n'est qu'à partir de juillet 1969 que Richard Milhous Nixon entame la désescalade grâce à la stratégie dite de « vietnamisation » du conflit. Il s'agit dès lors de substituer progressivement les troupes américaines aux forces sud-vietnamiennes, préalablement équipées et entraînées par leurs soins. Cette assistance indirecte permet de renforcer les effectifs de l'armée sud-vietnamienne tout en poursuivant le retrait progressif des forces terrestres américaines.

Aux États-Unis, les mouvements pacifistes et étudiants continuent à faire pression jusqu'au cessez-le-feu et à la suppression de la conscription en juin 1973 :

- ce sont plus de 250 000 personnes qui militent le 15 octobre 1969 à Washington contre la guerre du Viêt Nam ;
- en avril 1970, l'invasion du Cambodge provoque la révolte de près de 400 campus. Le 4 mai, une énorme émeute à Kent State University (Ohio) fait 4 morts. Face à la montée de la violence, le Congrès est donc contraint d'abolir, en juillet 1970, la résolution du golfe du Tonkin de 1964.

Plusieurs autres scandales mobilisent également l'opinion publique contre l'exécutif et accroissent l'opposition à la guerre. Les massacres commis par les soldats américains dans le village de My Lai (au nord du Sud Viêt Nam), révélés par la presse 18 mois après les faits, ont été cachés par l'exécutif. De même, la publication de dossiers secrets, les *Papiers du Pentagone*, en juin 1971, par le *New York Times*, malgré la tentative du président pour censurer la presse, fait apparaître que le Congrès et l'opinion publique ont été trompés sur les réalités de l'engagement américain au Viêt Nam. Il devient clair que l'incident du golfe du Tonkin a bien été instrumentalisé.

Ce climat de contestation contribue à accélérer les négociations. Richard Milhous Nixon confie alors à Henry Kissinger, son conseiller spécial pour les affaires de sécurité, la mission d'entrer en contact avec le représentant du Nord Viêt Nam, Lê Duc Tho (1911-1990), tout en faisant en sorte que cela ne s'ébruite pas. Les pourparlers se concluent le 28 janvier 1973 par l'accord de Paris qui met un terme à l'intervention américaine. Sur place, la trêve ne dure que deux ans avant que les forces nord-vietnamiennes reprennent l'offensive en mars 1975. Sans le soutien américain, le Sud Viêt Nam s'effondre et la capitale Saigon tombe le 30 avril.

UNE POLITIQUE EXTÉRIEURE MARQUÉE
PAR LA DÉTENTE

La rivalité avec le monde communiste a évolué et Richard Milhous Nixon poursuit le processus de Détente débuté quelques années auparavant.

On assiste alors à un revirement spectaculaire de la stratégie vis-à-vis de la Chine. Henry Kissinger propose en effet de faire de l'Amérique l'arbitre d'une nouvelle relation triangulaire avec la Chine et l'URSS. Le président fait sienne cette stratégie qui jouait des dissensions entre la Chine et l'URSS, cette dernière ne pouvant pas se permettre de laisser se développer les relations sino-américaines sans réagir. La visite officielle de Richard Milhous Nixon à Pékin en février 1972 et sa rencontre avec le président Mao Zedong (1893-1976) marque une étape diplomatique importante.

Les résultats de cette stratégie d'ouverture portent ses fruits. Ponctuées par la visite du président américain à Moscou en mai 1972 et celle de Leonid Ilitch Brejnev (1906-1982) aux États-Unis en juin 1973, les relations avec l'Union soviétique s'améliorent. Le dialogue entre les deux superpuissances est guidé par la stratégie du *linkage* (stratégie qui consiste à lier les dossiers entre eux, à faire des concessions sur un terrain afin d'obtenir des contreparties sur un autre). En matière d'armes nucléaires, l'URSS et les États-Unis signent symboliquement, le 26 mai 1972, le premier accord SALT (*Strategic Arms Limitation Talks*) sur la limitation des armements stratégiques, tandis que les relations commerciales se régularisent.

Richard Milhous Nixon reste cependant fidèle à la doctrine de l'endiguement communiste, conduisant les États-Unis à soutenir des dictatures et des régimes politiques répressifs :

- il apporte ainsi son appui à la dictature militaire en Grèce et cautionne le renversement de l'archevêque Makários III (prélat et homme d'État chypriote, 1913-1977) en 1974 ;
- au Chili, le régime socialiste de Salvador Allende Gossens, élu démocratiquement en 1970, est déstabilisé. Le président américain est directement impliqué dans le coup d'État militaire organisé le 11 septembre 1973 par le général Pinochet (officier et homme d'État chilien, 1915-2006), qui bénéficie de l'appui de la CIA. Lors du putsch, Salvador Allende Gossens se suicide.

Malgré des succès diplomatiques incontestables, ces opérations ternissent l'image des États-Unis et de son président à travers le monde.

LA CRISE DU POUVOIR PRÉSIDENTIEL : L'AFFAIRE DU WATERGATE

La campagne de 1972 qui vaut à Richard Milhous Nixon d'être réélu triomphalement est également le point de départ d'un scandale majeur qui remet en question l'institution présidentielle. Le 17 juin 1972, cinq hommes – que l'on croit d'abord être des cambrioleurs – se font interpeller par la police dans les locaux du quartier général du Parti démocrate à Washington dans l'hôtel du Watergate. Équipée de micros-espions, il apparaît rapidement que cette équipe chargée d'installer un système d'écoute clandestine est composée d'anciens agents de la CIA, associés au CRP (comité pour la réélection du président).

L'enquête de deux journalistes du *Washington Post*, puis une mission d'enquête sénatoriale formée en avril 1973 révèlent que plusieurs personnalités de l'entourage présidentiel sont directement impliquées dans l'affaire. On découvre également que Richard Milhous Nixon enregistre toutes les conversations qu'il a tenues dans son bureau de la Maison-Blanche. Sommé de communiquer les bandes magnétiques afin de déterminer s'il est lié à l'affaire du Watergate, il refuse en invoquant le privilège de l'exécutif. Mais l'étau se resserre autour du président à mesure que progresse l'enquête :

- l'instruction révèle les agissements illégaux de l'administration fiscale, du FBI et de la CIA à l'encontre des opposants. Les démissions et mises en accusation des proches collaborateurs du président se multiplient ;
- bien que sans liens avérés avec le Watergate, le vice-président Spiro Agnew (1918-1996) est touché par des affaires de fraude fiscale et est contraint de démissionner en octobre 1973. Richard Milhous Nixon le fait remplacer le 6 décembre 1973 par Gérald Rudolph Ford, alors chef de la minorité républicaine à la Chambre ;
- en juillet 1974, c'est la Cour suprême qui ordonne au président de remettre les bandes magnétiques à la commission parlementaire ;
- en parallèle, la Chambre des représentants entame une procédure de mise en accusation devant le Congrès (*impeachment*), pour obstruction à la justice, abus de pouvoir et outrage au Congrès.

Peu à peu, l'opinion publique américaine se détourne de son président. Sa cote de popularité plonge, passant de 70 % en 1973 au moment de la signature de la paix au Viêt Nam à seulement 24 % en avril 1974. Devant l'imminence de la procédure d'*impeachment*, Richard Milhous Nixon donne sa démission le 8 août.

LE BILAN EN MATIÈRE
DE POLITIQUE EXTÉRIEURE

C'est sans doute dans le domaine de la politique étrangère que la présidence de Richard Milhous Nixon, aidé par Henry Kissinger, a obtenu ses résultats les plus tangibles. On lui doit en effet le climat de détente qui s'installe grâce au rapprochement diplomatique avec la Chine, à la normalisation des relations avec l'URSS, à l'arbitrage de la guerre du Kippour, et bien sûr à la fin de la guerre du Viêt Nam en 1973.

Gérer la guerre du Viêt Nam est sans conteste la difficulté majeure que Richard Milhous Nixon a dû gérer durant ces mandats présidentiels. Le coût qu'elle engendre est énorme :

- au niveau humain, les Américains déplorent 58 000 morts et 300 000 blessés, auxquels s'ajoutent près d'un million de Vietnamiens ;
- le coût de la guerre (160 milliards de dollars) a dangereusement affaibli le dollar ;
- les conséquences morales et psychologiques sont lourdes. La jeunesse américaine ressort du conflit ébranlée, en particulier les *Viet-vets* (« anciens combattants ») qui sont mal accueillis à leur retour aux États-Unis.

C'est donc l'ensemble de la société américaine qui sort traumatisée de la guerre : le consensus anticommuniste a été brisé et la confiance des citoyens en leurs institutions s'est effritée. Les effets de l'épreuve vietnamienne se font sentir aussi bien à l'intérieur qu'à l'extérieur des États-Unis et entraînent la révision de la politique américaine dans le monde entier. Les États-Unis ont en effet perdu leur crédibilité auprès de leurs alliés et leur puissance est sérieusement ébranlée, d'autant plus que deux ans après la signature de la paix, le 9 mars 1975, les Nord-Vietnamiens lancent une offensive contre le Sud Viêt Nam. Lorsque Gérald Rudolph Ford sollicite le Congrès pour aider Saigon, il doit s'incliner devant l'hostilité des parlementaires. Le 30 avril 1975, les Nord-Vietnamiens s'emparent de la ville et le Viêt Nam est réunifié sous l'emprise des communistes.

De même, la réussite de la stratégie de détente est de courte durée. Elle culmine cependant en août 1975 avec la conclusion des accords d'Helsinki, rassemblant 35 pays dont les États-Unis et l'URSS, qui donnent lieu à la reconnaissance des frontières de l'Europe nées de la guerre froide, à une coopération économique entre l'Est et l'Ouest, mais aussi à l'engagement de l'URSS à faire respecter les Droits de l'homme. Cependant, les relations entre les deux Grands se refroidissent rapidement avec l'installation de missiles nucléaires en Europe dès 1977, puis avec l'intervention militaire de l'URSS en Afghanistan deux ans plus tard.

LA POURSUITE DE L'HÉRITAGE EN MATIÈRES SOCIALES ET CIVIQUES

Bien que plus discret, le bilan du mandat de Richard Milhous Nixon sur le plan intérieur a eu des influences plus durables, dans le domaine de la politique sociale et des droits civiques. Loin de rompre avec les politiques de l'État providence, les dépenses sociales augmentent considérablement : de 1970 à 1976, le budget de la sécurité sociale double. Bien que réduits, ces projets en matière d'aide sociale et de redistribution locale témoignent tout de même d'un véritable progressisme.

Toujours dans le domaine social, il est à noter que le président a dû faire face à la Cour suprême qui a joué son rôle de contrepoids politique et judiciaire. Depuis 1969, la cour Burger, dont quatre juges sur les neuf qui la composent ont été désignés par Richard Milhous Nixon, se montre plutôt conservatrice. Elle s'oppose directement au président, en juin 1971, en défendant le principe de liberté de la presse, défini par le 1er amendement de la Constitution, dans l'affaire des *Papiers du Pentagone*. Elle prend également ses distances avec les positions du président en légalisant le busing ou encore l'avortement en janvier 1973.

En matière de droits civiques, de nettes avancées ont été enregistrées, même si Richard Milhous Nixon s'est surtout contenté d'entériner les réformes entreprises par ses prédécesseurs :

- la déségrégation des écoles du Sud se poursuit, en passant de 68 % des enfants noirs scolarisés dans des écoles ségréguées à 8 % dès 1972 ;
- son administration soutien la politique de discrimination positive votée sous Lyndon Baines Johnson en faveur des minorités ethniques et des femmes ;
- au final, les agitations ethniques et raciales survenues au cours de la décennie précédente s'estompent.

LES ENSEIGNEMENTS DE LA GUERRE DU VIÊT NAM ET DU WATERGATE

Les chocs que furent la guerre du Viêt Nam et le Watergate ont remis en question le statut présidentiel et ont entraîné l'affirmation de contre-pouvoirs. La Seconde Guerre mondiale, la guerre froide et surtout le conflit vietnamien ont contribué au renforcement du pouvoir exécutif. L'élection de Richard Milhous Nixon en 1968 suit cette voie, voire accentue ce processus de « présidentialisation », en particulier dans le domaine de la politique étrangère. Toutefois, la guerre du Viêt Nam et l'affaire du Watergate ont mis à jour les dérives de ce qui est appelé par l'historien américain Arthur Meier Schlesinger (1917-2007) une « présidence impériale ».

Au niveau institutionnel, le pouvoir législatif prend sa revanche avant même le scandale du Watergate. Le Congrès abroge la résolution du golfe du Tonkin dès 1970. Deux ans plus tard, il impose que lui soit communiqué tout document se rapportant à la sécurité du pays, et surtout, il décide l'arrêt des bombardements du Cambodge en juin 1973. Pour finir, l'adoption de la *War Powers Act*, qui rappelle les prérogatives du Congrès et limite les pouvoirs présidentiels dans l'utilisation des forces armées, constitue un véritable camouflet pour Richard Milhous Nixon. Le pouvoir législatif reconquiert un rôle qui lui avait été soustrait.

Enfin, les médias jouent un rôle primordial qui ne sera plus démenti par la suite. Les reportages télévisés ont en effet révélé aux Américains les tragédies et l'incertitude de la guerre et les auditions télévisées de la commission du Watergate ont mobilisé l'opinion publique contre Richard Milhous Nixon. Ce scandale, véritable crise personnelle d'un président dévoyé, mais également crise politique majeure de l'institution présidentielle, a finalement démontré la solidité constitutionnelle des États-Unis.

EN RÉSUMÉ

9 janv. 1913	Naissance de Richard Milhous Nixon
1947	Premiers pas sur la scène politique
1955	Début de la guerre du Viêt Nam
20 janv. 1969	Investiture en tant que 37e président des États-Unis
21 juil. 1969	Neil Armstrong marche sur la Lune
20 janv. 1973	Seconde investiture
28 janv. 1973	Retrait des troupes américaines au Viêt Nam
Avril 1973-Juil. 1974	Scandale du Watergate
8 août 1974	Démission
22 avril 1994	Décès

- Issu d'un milieu modeste, avocat de formation, l'ascension politique de Richard Milhous Nixon est fulgurante et est marquée par un profond anticommunisme.

- En novembre 1968, il gagne les élections présidentielles avec une courte avance sur son rival démocrate. Il bénéficie du soutien des classes moyennes blanches, lassées et inquiètes de l'agitation qui touche la société. Cette « majorité silencieuse » attend également du nouveau président qu'il retire les troupes américaines de la guerre au Viêt Nam.

- Dès le début de son mandat, il doit faire face à une conjoncture défavorable marquée par les déficits budgétaires, une inflation galopante et la montée du chômage.
- Il mène une politique sociale centriste, ce qui lui vaut les critiques des conservateurs et des libéraux.
- Sa diplomatie triangulaire a permis de diviser le camp socialiste tout en ouvrant la voie de la Détente.
- En novembre 1972, Richard Milhous Nixon est réélu. Il doit en partie sa réélection triomphale à l'annonce de l'imminence d'une paix au Viêt Nam.
- Les accords de Paris signés le 27 janvier 1973 instaurent un cessez-le-feu et le retrait total des troupes américaines. Le bilan de la guerre du Viêt Nam côté américain est lourd : on compte 58 000 morts et 300 000 blessés.
- Suite à l'affaire du Watergate et sous la menace d'une procédure de destitution de la part du Congrès, Richard Milhous Nixon devient le premier président américain à se démettre de ses fonctions, le 8 août 1974.

POUR ALLER PLUS LOIN

SOURCES BIBLIOGRAPHIQUES

- AMERICAN COUNCIL OF LEARNED SOCIETIES, *American National Biography*, New York/Oxford, Oxford University Press, 1999.
- COPPOLANI (Antoine), *La vie politique aux États-Unis de 1945 à nos jours*, Paris, Ellipses, 1997.
- DURPAIRE (François), *Histoire des États-Unis*, Paris, PUF, coll. « Que sais-je ? », 2013.
- FOHLEN (Claude), *Les États-Unis au XXe siècle*, Paris, Aubier, 1988.
- KASPI (André), *Les Américains. Les États-Unis de 1945 à nos jours*, t. II, Paris, Seuil, coll. « Points », 1986.
- KASPI (André), *Le Watergate*, Bruxelles, Éditions Complexe, coll. « La Mémoire du Siècle », 1983.
- KASPI (André), HARTER (Hélène), *Les présidents américains. De Washington à Obama*, Paris, Tallandier, 2012.
- LACROIX (Jean-Michel), *Histoire des États-Unis*, Paris, PUF, 2009.
- MÉLANDRI (Pierre), *Histoire des États-Unis depuis 1865*, Poitiers, Nathan, coll. « Nathan-Université », 1984.
- MÉLANDRI (Pierre), PORTES (Jacques), *Histoire intérieure des États-Unis au XXe siècle*, Paris, Masson, coll. « Un Siècle d'Histoire », 1991.
- MOURRE (Michel), *Dictionnaire encyclopédique d'Histoire*, Paris, Bordas, 1996.
- NOUAILHAT (Yves-Henri), *Les États-Unis de 1917 à nos jours*, Paris, Armand Colin, coll. « Cursus », 2009.
- PORTES (Jacques), *L'histoire des États-Unis depuis 1945*, Paris, La Découverte, coll. « Repères », 1992.
- « Richard Milhous Nixon », sur www.larousse.fr, consulté le 24/01/2014, http://www.larousse.fr/encyclopedie/personnage/Richard_Milhous_Nixon/135374

SOURCES COMPLÉMENTAIRES

- AITKEN (Jonathan), *Nixon*, Washington, Regnery Publishing, 1996.
- AMBROSE (Stephen E.), *Nixon : The Education of a Politician 1913-1962*, New York, Simon & Shuster, 1989.
- BLACK (Conrad), *Richard M. Nixon. A Life in Full*, New York, PublicAffairs Books, 2007.
- COPPOLANI (Antoine), *Richard Nixon*, Paris, Fayard, 2013.
- HOFF (Joan), *Nixon Reconsidered*, New York, Basic Books, 1994.
- NIXON (Richard Milhous), *Mémoires*, Montréal/New York/Paris, Hachette, 1978.
- NIXON (Richard Milhous), *La vraie guerre*, Paris, Albin Michel, 1980.

FILMS ET DOCUMENTAIRES

- *Les Derniers Jours de Nixon au pouvoir*, documentaire de Richard Pearce, 1991.
- *Nixon*, film d'Oliver Stone, avec Anthony Hopkins, Joan Allen et Ed Harris, 1995.
- *Richard Nixon*, documentaire d'Alan Goldberg, 1996.
- *Les Hommes de la Maison-Blanche. Conversations avec les hommes du président*, documentaire de William Karel, 2000.
- *The Assassination of Richard Nixon*, film de Niels Mueller, avec Sean Penn, Naomi Watts et Don Cheadle, 2005.
- *L'Assassinat de J.F. Kennedy et la Démission de R. Nixon*, documentaire de David Barlett, Angleterre, 2006.
- *Nixon, l'homme que vous avez aimé haïr*, documentaire de Patrick Jeudy, 2007.
- *Frost-Nixon*, film de Ron Howard, avec Michael Sheen, Patrick Langella et Kevin Bacon, 2008.

50MINUTES

Éditeur responsable : Lemaitre Publishing
Rue Lemaitre 6 | BE-5000 Namur
info@lemaitre-editions.com

ISBN ebook : 978-2-8062-5451-1
ISBN papier : 978-2-8062-5630-0
Dépôt légal : D/2014/12603/57
Photo de couverture : © Official Presidential Photograph

Conception numérique : Primento,
le partenaire numérique des éditeurs